# 이랑 나비

박송희 넷째 시집 茶詩

# 이랑 나비

박송희 넷째 시집 茶詩

## 격려의 글

한국국제차엽연구소 소장 1級 評茶師<br>
한국다도대학원 부원장, 교수 鄭 仁 梧

 금년 마지막 강의를 마치고 급히 나서는 복도에서 명선 茗仙과 마주쳤다. 졸업 즈음에 茶詩 모음 시집을 내겠단다.
 반가운 마음에 두 말 없이 한마디 넣기로 했다. 기라성 같은 어른들 틈바구니에서 잽싸게 뛰던 아련한 모습, 차인 연합회 발족 아득히 사십 세월 먼발치 잊은 듯 한 울타리 각각 외길 수행을 한 셈이다. 인연 깊어 다시 마주하는 감회가 크다.
 효동원(1979년 논현동 정원호 원장) 차선회 활동 착실했던 서로의 모습 어제처럼 밀려오고 차로 맺은 차나무 유전자 실로 깊음을 본다. 茶詩 모음 매우 반갑다.
쉬임 없이 차밭 두렁 서성이는 차꾼 새삼 대학원 강의실 채워 왜 거기 앉았냐 물으니 공부하러 왔단다. 묵은 세월 털며 다시 조명하는 배움의 자리 든든하고 미덥다. 차 덕으로 누리는 넉넉함이야말로 홍익하는 삶이다.
 차 터에 내린 뿌리 차 청지기 사십여 년 세월 차인(茶詩) 묶어 노래하는 시인을 두어 자못 기쁘다. 한국 차 터의 『이랑 나비』가 세계의 차밭으로 드넓게 발전하기를 바라는 시인의 차 철학이 엿보이는 기대 또한 크다.
 茶꾼 詩꾼 모두 읽어 좋을 시집이길 바란다.

## 시인의 말

차 나뭇가지 휘어잡고 차 깃 매만지며
어우렁더우렁 겁 없이 들어선 찻길 문턱
어언 수십 세월, 들어 마신 찻물로
지어 내던 방언들을 백지에 우려
깍정이 잔을 올려놓습니다.
차마고도 오를 때 모자에 사뿐 내려앉은 매미
땀방울 흘리던 겹겹 천애벼랑 꼬불길을 비켜주는
아기 양떼들
해맑은 그곳 사람들의 음성에 차향이 묻어
절로 명인 명차 부럽지 않아 잊을 수 없는
향미 침샘이 거길 오릅니다.
건드리면 와르르 쏟아질 것 같던 별 밭
굴리면 굴러올 듯 가깝던 달덩이
차 인연 스스로 깊어 얻은 이 일 저 일들이
간추리기 힘겨워, 풀석이던 세월, 많은 질정을
귀에 담고자 합니다.

2019 기해년 동짓달

茗仙 박송희

# 차례

05_ 격려의 글
07_ 시인의 말

## 제1부 나를 마신 찻사발

17_ 덧정
18_ 아는 길 모르는 길
19_ 혀끝 호사
20_ 유리벽 이별
21_ 그 차꾼
22_ 그리운 것
23_ 그리움 쏟아질 때
24_ 젖은 미소
25_ 나를 마신 차 사발
26_ 차 깃 별곡
27_ 외출에서 귀가
28_ 곳에서
30_ 삐침
31_ 기왕이면

## 제2부 차랑 차 타령

33_ 그리움 한때
34_ 맏물 차
35_ 차 살림
36_ 茶밭
37_ 차에
38_ 茶 솜씨
39_ 차로 하여금
40_ 茶 앓이
41_ 차 보시茶布施
42_ 하며 살며
44_ 여백 속으로
45_ 남아 도는
46_ 이끌림
47_ 차랑 차 타령
48_ 만취漫醉

## 제3부 이곳에 서면

51_ 물이 차를
52_ 포구의 새벽
53_ 찻종에 피는 매화
54_ 보시布施
55_ 천년 고목은
56_ 한담閑談
57_ 끽다 喫茶
58_ 귀한 사람
59_ 작은 걸 크게
60_ 이곳에 서면
62_ 노을 깃
63_ 찻물이
64_ 매료

## 제4부  쪽달 삼킨 칠석

67_ 쪽달 삼킨 칠석
68_ 응시
70_ 약술
71_ 군불
72_ 인연 수정
74_ 이랑나비
76_ 기억아
77_ 차는요
78_ 일배청차 一杯請茶
79_ 일묘一描
80_ 이런 사상
81_ 이렇게 안다
82_ 취중 취향
83_ 햇살 잠행
84_ 회심
86_ 바다 곁에서

## 제5부 멀어야 보이는 것들

 89_ 외길
 90_ 소나기 간 자리
 91_ 멀어야 보이는 것들
 92_ 강 건너 사랑의 날들
 93_ 구름 그림자
 94_ 시름 놓고
 95_ 언제였나
 96_ 이열치열
 97_ 요다樂茶
 98_ 무아無我 잔
 99_ 소나기
100_ 잃어버렸습니다
101_ 구름 茶
102_ 모자유친母子有親
104_ 이삿날
105_ 미더움
106_ 눈부신 시간

## 제6부 쪽달 울먹일 때

109_ 빛의 기미
110_ 차 기운
111_ 통시洞視
112_ 찻물 들 때
113_ 茶 울림
114_ 삶
115_ 상견相見
116_ 다정茶情 애정
117_ 고르기
118_ 훈기薰氣
119_ 어느 선사禪師
120_ 고적한 별
121_ 여정旅程
122_ 연緣일 때
123_ 쭉정이
124_ 세세歲歲
125_ 그 시각 여기
126_ 쪽달 울먹일 때
127_ 해 가는 길
128_ 말이야 쉽지

## 제7부 茶 내고 詩 얻고

131_ 반만 반할 걸
132_ 세월
133_ 茶 내고 詩 얻고
134_ 맹탕 송頌
135_ 차 깃 인연
136_ 정붙일 날
137_ 이슬차
138_ 태양 길 찻자리
139_ 외출
140_ 까치도 거짓 울어
141_ 기다림
142_ 벼락부자
143_ 천년살이
144_ 씻고 닦고
145_ 먼 발길
146_ 섞이며
147_ 뉘엿뉘엿
148_ 불구하고

149_ 평설/ 차인은 늙지 않는다 다만 익어갈 뿐이다
   이근수(경희대 명예교수, 무용평론가, 경영학박사)

# 제1부

## 나를 마신 찻사발

장부일까
요부일까
이 밤이사 내 세상일세

# 덧정

찻물에 덧 우린 情 백자, 청자, 분청 잔
나란히 백옥, 청옥, 황옥 잔
같은 듯 색 다른 맛

즐김의 충일이래서
말문 깊은 속맘 절로 뜨거워
니니 내니 가리지 않는다

찻상 마주 앉아
거친 말 어이 일어날까
앙금 없이 내려앉는 세상

배가倍加 되는
다산, 추사, 초의 선인
신농 할배 등에 업혀 간다

고금古今 초월 살레 찻자리
정을 풀어 속진 헹구는
덧정

## 아는 길 모르는 길

촉 댕기고
향 꽂고
차 올리는
작은 제단

탯줄 물린 배꼽 이별
어린 양 어리광
엄니 계신 그곳
묵묵부답

그리움 산이 막고
아쉬움 머무는 기슭
생사여거生死如居라더니
섞일 수 없는 딴 거리

몰라라 몰라라도
길은 길을 밝혀
미구에 나설
다연

## 혀끝 호사

심경深更을 뒹구는 탓
향미에 이끌려
연신 우린 보이차

스스로 우리고
꾀임에 빠졌다
왼 밤을 투정할까

바람난 남정네
꾀임 맛 이럴사
차마 민망해도

빠진 김에
차 씹고 배불리는
혀끝 호사

장부일까
요부일까
이 밤이사 내 세상일세

## 유리벽 이별

유리벽 가득 작별이 떴다
차디찬 햇살이
얼어붙은 내 안의
외벽을

놓아라 품어라 해도
오동지 섣달
작은 바람에도
발가숭이 뼛속

위스키 한 술
열탕에 빠진 홍차
단박에 올 것 같은 눈동자
그때로 눈 뜨게 하는가

서성이는 긴 심연
다연에 엉기어도
만질 수 없는 유리벽 이별
마른 찻잎만 퉁퉁 삼켜가는 울음

## 그 차꾼

단박에 정들이고
영겁을 노래 짓는
무이산武夷山 영락사永樂寺
차 내리는 女人 찻잎 같아라

범패梵唄 우려
법문法文 나누는 차내기
절로 취해 맡기는 가슴
힘찬 산곡山谷의 정기를 돋우고

깃털 얻어 날으는 다객
무상무념의 무게
정작의 정산자락 휘어 감고

그 차꾼 인연
이곳에 살고 지고
마른 찻잎 뜨거운 희열

유유자적 正山의 염원
산사의 범종 깨우는 합장이다

## 그리운 것

그립다 생각 들면
더 멀어

기다림 한 아름
마음에 두면
벅차오르는 하늘 가

바다 건너
꽃빛보다 화사하게
웃음 머금은 차 방울

그 동공에 서 있을 머쓱한 사람
거길 누벼 괜한 투정 민망해라

두둑한 미더움 그대로
오롯이 차 한 잔 그 곁을 올라라

## 그리움 쏟아질 때

도린 곁 시비 걸고
사려에 아파라
송알송알 속눈썹에
이슬 꿰는 그리움 알기 전
그저 즐긴 매미의 순정歌

무게도 부피도 세월은 딴청
누름돌 들어 올리는
서너 살 소꿉살림
모래알 밥 짓고 구름으로 이불 삼던
돌아보니 구만리 그때

쏟아지는 아쉬움 차 한 잔 받쳐 들고
대꾸 없는 핑계 구실 펑펑 채우는 찻잔
앞섶에 괴인 건널 수 없는 강
파도 일렁이는 물비늘
천만 부름 차꽃 불러 떨치는 노란 떨잠

## 젖은 미소

장대비 내리긋는 고궁
마사토 빗길을 내는
물결에 우련이 싱겁다

닿아도 젖힌 사이
공기처럼 폐부를 훑는
홀로에 끼치는 하많은 두런두런

헐렁해도 단단한
의미로 새겨지던 걸
비운 자리 차오르는 차빛 숨결이 인다

두루 밟기 차마 뜨거워
멈칫 둘러보네
감아도는 모습 곁인 듯하여

몰랐을 때 무얼 했던가
이 봇물, 참으로
이승 오길 잘한 일 같아라

# 나를 마신 차 사발

아낌없이 마셔 버렸다
속을 비워낸 차 사발
차의 혼을 우려 맡겨 둔
가슴 한켠은 늘 푸르다

차꾼살이 쏠쏠한 덖음
삶이 물살 지는 이차 저차
오감을 덥히는 호사
차 곁만 한 안온

사무사 차 한 잔이면
이내 고삐 풀린 망아지
차밭 이랑 뻐꾸기 선율을 탄다

신명 맡긴 차 사발
인연 타령 몰수하고
찻종에 어린 세상 단박에 꿀꺽한다

나를 마신 차 사발
무슨 입맛 다실까
삶이 담긴 차 한 사발

## 차 깃 별곡

마시면 마실수록
짜게 우리는 차꾼 버릇
다관이 머금은 찻때
반들한 구력 부끄럽다

인생을 다려 마신
차 깃 씨름
성글게 들이킨
맹탕 세월
허튼 부르짖음 나는야 차꾼

갈수록 미궁
무얼 우렸기에
짜도 싱거운
차 시울 닳도록
차밭을 우롱했나

차이랑 어디 두고
차로 비롯
씹어 마신 찻물만 울어
울어, 울어라

## 외출에서 귀가


틈의 여유는
스스로 얻을 일이다

밤하늘에 티끌 같은 빛
땅을 밟고 흠모하는 저 하늘
솔가지 사이로
놀자 놀자 숨바꼭질
숨은 별 숲
초록별 다홍별 누굴 찾나!

종종걸음 하늘에 꽂는 눈초리
어느 별 벗해 나오를까*
짙푸른 밤 안고 꿈꾸며 나선 길
돌아오는 너른 품
다 떠나도 지켜 선 차 자리
배웅도 마중도 그 자리 한결이다



* 나오르다 : 퍼져 날아 오르다

## 곶에서

먼 쪽빛 울러매고
방긋 입시울 치켜
고성이란다

젖 먹던 아가의 숨결처럼
세상 만끽하고
인적은 초원에 발을 씻는가

벽병산 발치 아래 솔숲 고옥
추녀 끝 순한 햇살이
입을 열어 귓말하는 마을

너덜길 고적한 고샅 내음
솔바람 퍼 나르는 진즉 엽서
샅샅이 헤이는 기다림

인기척 갯가에 두고 이웃 개가 떠벌이는
손님맞이 소박한 마을
푸른 방울 구르는 고성 옛 차터 자드락길 오른다

# 삐침

나는 몰랐지 시 짓는 유전자
푸른 깃 뜸 들어 덮고 꾸울 별의 헤임을
그대 있어 내 하루 천년 지은 설렘
먼 파고가 대신 떨쳐간다

달아 전망대 노을빛 설레발
겹겹이 두른 바다 융기
차 우린 한 사발 마주 섞던 염원
찾을 말 잃어 불빛 떨림 파도에 두고

억겁 숨결 덥히는 결

칠흑의 심연 칠야에 둥지 틀고
발목 휘감아 적신다
아, 인연 공감
짙푸른 천변에 싯귀 한 줄 파종하리


\* 청마 유치환 생장의 터에서

## 기왕이면

정오의 누운 그림자 곧추세우고 걷자
태양이 끌어올리는 하루의 거리
바람이 주문을 나르는 동안
무임승차라도 시간이 바닥날까

기왕에 뜬 하늘이고
오르자 맘껏
소리치자 메아리껏
그리고 바람의 인연 꼭 쥐고

천만 억겁 순간
오늘 보다 더 좋았을까
기왕이면 마음껏 짓고 살자
하늘이 무너져도 고개를 치켜들자

잠두의 푸른 입가심처럼
비단실 짜자
차 깃을 구르는 이슬, 은쟁반 받쳐
차 살림 꾸려 놓고 부르자 그대 그대를

# 제2부
# 차랑 차 타령

온몸 덥힌 생기
물을 만나 활개 펴고
다시 산 듯 푸른 몸 춤춘다

## 그리움 한때

나이배기 벌거숭이
선을 긋는 마른 은행 잎맥
푸른 하늘 노랗게 흔든다

말로 잃은 말끝
멀어간 날들 삭혀질까
들끓는 차고픔 물빛이 따끈하다

홍차 깃 유리 다관
작열灼熱하던 외로움
스르르 퍼지는 홍차빛 웃음

떠난 그날 우르르
빈 잔 곁 둘러앉는
날은 가도 기억은 뜨거워
잔 시울 방울방울 그리움 한때

# 맏물 차

한라산 정수리 어느새
잔설도 익혔는가
차 밭두렁

연록으로 싣는 비와 바람
망울진 차의 순
애잔히 내민
혀끝 일엽 뾰족하니

첫물 차 내음 급히
감싸 도는 갈증이
차고픔 채우면
뜨악했던 발길

차 바람 가득
엊그제 세월 물든
올차 밭두렁

## 차 살림

팽주烹主의 익은 다루기
맑고 수수해

해 묵어 질박한 다향茶香 더 깊고
겨우내 익힌 덕을 머금는다

꾸밈 덜어낸 차 살림
한자리 차별심 멀어져 간다

운남에서 국제 비행한
보이차 흠벅 마신 오후

노을도 벌컥
차 사발 기미氣味한다

## 茶밭

이슬 걷힌
차밭 이랑 누벼
참새 혀 자줏빛 차깃
손끝으로 골라라

가늠하는
덖음 유념 건조
겨우내 움츠린 입맛
햇차 내음 호사를 하는

곡우절 햇살
덕을 입는
차밭 이랑
간 밤 개골이도

茶 터에 취해
입을 다물고
뻐꾸기 한낮을 보채는
차맛 기미 뻐뻐꾹

## 차에


불꽃은 욕망을 사르고
뜨거움에 생기 덮어
낮게 여민 숙성
색과 맛을 바꾸는 세월

발효 잎맥 타고 도는 푸른 생애
손끝에 다시 사는 차
풀빛 쪽빛 바다도
차 두렁 시새워

군君이요
랑娘이다
잎잎이 애순차
차꾼 살림 신접살이 편다

## 茶 솜씨

어제의 작설 잎 호사를 마다하고
새로 달래는 상처 손수 비빈 구력
첫날밤 옷고름 풀어내듯
파르르 자색 씨알 기억속 품어간다

배냇 향기 초유 맛 우려
깊은 다성茶性 뽐내며
햇잎 꺾어 달래길
밤새 빌듯 유념한 몸살 잊는다

첫울음 추임 뜨겁게 부푼 다관
잎잎이 차꽃 피듯
결을 내미는 찻물
산통 치른 갈증 해갈이 푸르다

## 차로 하여금


살 것 같다
배냇 향 햇 작설 서너 잔

구름 뛰노는 하늘 아래
찻잎은 햇볕을 헹군다

얼결에 덖은 여린 잎
뜸 들어 향으로 물든다

온몸 덥힌 생기
물을 만나 활개 펴고
다시 산 듯 푸른 몸 춤춘다

자줏빛 씨눈 눈밭에 영글어
곡우절 반기면

동천冬天 건너 다연 감싸고
촉蜀을 댕겨
차 두렁 헌 다례 흠향
음복 차 사발 취기 어린다

## 茶 앓이

입맛은 나날이 짜지고
차 간택은 눈썹 위에 앉아

다관이 껑충 뛰고 찻상이 그네 줄 타는
이차 저차 차 이름 불러 모은다

차 충蟲의 사치 혀끝을 꾸중하며
하동, 보성, 지리산 야생 밭
성글게 덖는 차 앓이 난처하다

동다송이 슬프다 다산이 고프다
추사의 위리안치 해지하자
햇차 덖어 헌다하던 대웅전

그만해도 봉기 들던 차인 연합회
알짜배기 사십 해 오월 부신 햇살
차의 날 우리 차 우려 음복하던 설레임

차 알림 선발 신음하는
우리 차 실종 뻐꾸기도 슬퍼
끄여끄여 차 밭을 맴돈다

# 차 보시 茶布施

속삭이듯 다정茶庭 가득
옷자락 스치는 소리
어린 차 맛 깊다 얕다
향이 짙다 엷다
알맞은 빛깔에 어리어

색다른 맘 없이
시름 잊고 가슴 열어
차 흉년 변덕 아껴
우려내는 차의 오르막

다룬 솜씨 한결같이
덖고 말리우고 찌고 삶고
마시는 이, 내는 이
신바람 차 바람 융숭하다

어깨너머 차밭 하늘
푸른 시공 흉금 털어 나누는 정감
차꾼 추임 물오를 때
떠난 정情도 살짝꿍 곁을 감싼다

## 하며 살며


닫힌 눈꺼풀 걷어 올리는
빛의 방문 아침
이부자리에서 거실까지 외출을 한다

하루 살림 영접
아쉽던 간밤의 꿈
수선을 희망하며 누벼 뜨는 땀으로
도전이란다

숙향의 발효를 향해
뒤돌아보는 헛수고라도
작별을 만남으로 환원하는
여정이다

오롯이 스스로의 몫
자신답게 하며
살며 사는 시간살이다

버릇 든 차 살림에 눈길을 던지니
차탁은
물 끓는 어안漁眼으로 보챈다

깃든 입맷거리\*
찻가지 입가심 삶는
차꾼 차 살림
덜미 잡힌 희한한 충일


\* 입맷거리 : 차다식, 주전부리

## 여백 속으로

기다릴 수 없는 일이다
그러나 부를 수도
불쑥 마주할 거리도 아닌
투명한 간극

나를 보려
날 사위는 부질없음을
나중, 아주 나중에서야 바라보는
먼 자취

오늘은 내게 와 주려나
티끌의 흔적도 휩쓸려 간
허공으로 열렬한 눈빛
물살 지는 여울 너머
춤추는 시공 저 켠

좇던 기다림보다 빠른
만남의 순간
목멘 시간에게
느슨히 권하는 찻종을 내민다

# 남아 도는

소진의 터에 뜨겁게 거는 기약
울먹이는 언저리, 넘쳐나는 속앓이
긴 그림자 짙어라

대중없이 비운 다관 여열 이는 다연
찻물 겨운 빛, 결 앞선 괘념 부질없다

지워가는 그림자 남아 짓는 그리움의
입시울 울컥
햇살이 권하는 빛물 차
다 식도록 눈으로 아껴 마시네

그리움은 나를 두고 어디쯤 떠도는가
애꿎은 차깃 울어울어
다관만 통통 부르튼다

## 이끌림

새벽바람에 백비탕*
백자완 그득 차향이 피어나고
맛 따라 혀를 감싼다

빈속에 차 그리움 간밤이 길었던가
입 맷 것 우물우물
입을 연 다관 차깃으로 채우고

아침을 불리는 차깃 해장
휘둥그레 아침해가
찻잔 탐한 차 자리

백비탕에 이끌린 하루 문턱
잎잎이 물오른 가을 찻상에
둘러 앉아 아침 인연 주고받는다

*백비탕 : 찻잔에 물든 차 맛이 맹물에도 우러나는 것.

# 차랑 차 타령

너랑 나랑
차 마시는 사이랑
차 고픈 마음이랑
어제랑 오늘 차랑
입맛 바뀐 차 맛 탓

하늘로 쏘아 올린 차 이랑
차두렁 푸른 지기
신농 할배 쯔쯧 혀를 찬다

차 이랑 육자배기
먼바다 차진 바람 차깃 타령
얼싸안고 이랑 저랑
예 머문 바람일랑
뿌리 밑 호소

물이랑 차랑
불의 인연 환생할 때랑
사뭇 다른 맛, 내, 빛 날아라
차랑 씨름 한 생애
차 타령 고개를 넘어간다

## 만취 漫醉

무덤덤 시렁퉁 시간에 도취되어
애꿎게 차향만 뜨겁다

대낮에 걸렸던 첨탑의 햇살이
잿빛 숲길 접어들 때까지
빠져버린 무색 만취

어느 시공 오갔나!
찻물이 마셔 간 무게 잃은
세상 생각 허공에 내어 걸고
차종에 드리운 향취

아무개여, 권커니 한 잔 차
동백 빛보다 짙은 시간의 쏜 살에게
섣달 하루 흠빡 삶아 넘겼다

무념무상 우려 마신 한나절
앉은 자리 구름인 듯 잊었어라
놓아도 주어도 탈 모를
만취에 젖은 도취, 이런 모처럼

# 제3부

# 이곳에 서면

모진 세월 떨궈 간 무너진 산자락
통렬히 씻겨간 강 자락

## 물이 차를

물이 불을 만나면
익은 물에 감기는 맛내기

차 몸이 깃을 풀고 물에 취해
빛과 향을 내어준다

코끝에 닿는 맛
다관과 찻종이 다시 더하는 맛
물이 머금는 물빛, 생기 찬 작설

우린 이의 다룸을 말하는 인연
물맛을 돋우는 차 곁에
외려 덕담도 성가시다

차의 정신 화랑의 멋
그때로 물과 차 젖어간다

## 포구의 새벽

어둠 속 먼바다 밀어붙이고
밤샘 어선 점점이 떠오른다

고단한 바람 파도에 눕고
이슬 따는 꽃술 나래짓
찻잎 물고 일출을 부추기면

작은 포구의 입맞춤
지친 거품 차초롱이 이슬차 한 잔에
밤빛에서 새벽빛 수평선 띠 두른다

붉은 모래알 고개 들어
동편제 포구 화들짝 젖히는
보성 차 터

## 찻종에 피는 매화

맹춘에 문턱 사뭇 깊었어도
망설망설
아직 매운바람
제멋을 떨친다

찻물에 매화 송이 피었다
향이 짙어도 色 없이 달아
눈 감아도 매향
잎눈 뾰족이 곁눈 뜬다

인연이 맞선 보는 우연인가
길목 스산한 헌 길 새로 짓고
새아씨 본 새
풋내음 상큼한 배릿한 첫 모금

매화 향미
봄을 흔들어
해맑게 웃는 매화
봄봄봄 메아리친다

## 보시 布施


목마름
茶 없이 어이 달랠까

차 생각 불에 얹고 물을 끓인다
뜸들 기미 눈으로 재며
다관이 기다리는 차깃
기왕이면 짜게 마시자 듬뿍

목이 젖고 마음이 너그러워
물과 차 주고받는 사위
다시 피는 찻잎 입시울 가득
차 인연 보시 그지없다

기다림을 채우네
세상 허기 피워 내는
찻상이 베푸는 삶살이
주린 갈증 한바탕 주거니 받거니

## 천년 고목은


너는 만뢰 머금은 천년지기
벌레 먹은 가슴으로
푸른 역사 바람으로 나부낀다

첩첩 세월 굵은 노고 터져나간 나이테
고목은 침묵하지 오롯이 홀로 아파
모진 세월 떨궈 간 무너진 산자락
통렬히 씻겨간 강 자락

너는 알지 숭의전崇義殿 그곳
임진강 강안에 머무는 까닭을
덩그런 향로엔 향 하나 머리 풀고
우린 차 한 잔으로 흠향을 청해
울어 터지는 다연

너는 천년 조응照應
무너진 산자락 움켜
섬진강 흐르는 물 뿌리만 웅얼웅얼

## 한담閑談


선 채로 던진
고요한 파문 홀로 부끄럼 탄다

하늘 한 번 보고
비운 차 충蟲
염치없이 한량 길 편다

박차고 들어서는 바람
오지 않을 뻔한 발자국
이미 잊었대도
행여 귀를 내어걸고
뜨건 찻물 들었다 났다

나눌 누굴 기다리나
달도 별도 다녀간
차깃 나들이
온 공간 다향만 흥건하다

## 끽다 喫茶

동경憧憬 밖에 걸린 오늘
안갯속 그 너머 비추인다

세월 가는 마음
의지의 지속
생각 같을까

곧잘 삐걱대는
안팎 세상 보기
차 사발만 벙긋하다

햇살 고요한 창밖
앙상한 가지에 바람 걸고
빈 들녘 사상하는

차 기운에 몸이 달아
바람 찬 들녘에 내어 거는
시린 뜨거움

## 귀한 사람


여기 마주 앉아
눈동자에 새기는
성근 얘기 촘촘히 모아

작작히 머금은 눈빛
이쯤 오는
여기 앉을 따끈한 차 한 잔

그 곁
그 숨결
눈 뜨는 찻종이 부시다

# 작은 걸 크게

쭈뼛,
꾸림 없이 내민 여느 맘
행여 초라할까 쑥스러워도
씻어주는 넉넉한 수용
외려 더 큰 걸 얻는다

번번이 다시 헤는 두터움
무엇으로 살았던가
허기진 기다림을 목에 걸고
치켜뜨는 눈 바래기
햇차같이 앳되다

정 붙고, 정 떼고, 정 떨어지는
정의 빛깔 삶의 고락 지고 덜고
별빛 마음 환히 나누며
가슴속 보조개 퍼나르는 차 꽃
가슴을 채우는 무언의 여백

덖음을 하며
情의 체온 채우는 안온
무시로 들락임을 수락한다

## 이곳에 서면

먼바다 멈칫 차밭이 부러워
바람을 섞는 보성 갯가
이슬 구르는 차깃

차씨 여물어 차꽃을 부르는
계절의 하늘에는
초의선사 후예 차뜨개질 한창이다

뼛속까지 차 때 오른
신들린 열정의 저 손길
침이 마르게 토하는 찻일
귀뜨기 퍼 나른다

인걸人傑의 교차 완연한 차밭 이랑
숨은 숨결 발목에 감기는 만감 인다

시절을 잊고
마냥 푸른 찻물에 아침햇살
버무리는 야무진 차꾼
변한 듯 변하지 않을
신농 할배 유전자 한 차얼*

이랑나비 긴 세월

아 여기
차깃 어디 가랴
바닷바람 휘감는 차 두렁
터지게 외치는 차 바느질 멋겨운 차 터
차茶 오미五味 파종하는 메아리
쓰고苦 달고甘  떫고澁 시고酸 짠맛 鹹맛
물오르는 목울대 가을로 야물다


\* 보성 차밭 답사


\* 한 차얼 : 한겨레 얼의 차살림
\* 차뜨개질 : 차를 기초부터 착실하게 배우는 사람 혹은 태도
\* 차 바느질 : 국제 이념 종교 사이를 찻슬기로 어울기

# 노을 깃

불콰한 취기로 흔들리는
산뻐알 노을 해를 벗는 시각
천공의 빛 노고 눈시울로 거니는
휘휘로운 천변

멀게 산비둘기 우짖어
왼 하루 배웅하는 이내의 턱걸이
덜 식은 하늘로 뿌리는
사람아, 이름아
하늘빛 바뀌는 시각을
나란히 헤어 보자

다관은 여전히 따끈한
아쉬움 떫게 부추기며
노을 깃 바둥이는
낮은 시각 어둠을 입는
유리창 밖

넙죽 허리 굽은 노송에게
묻는 가시 끝 흔들림이
아프다

# 찻물이

찻종이 쓸 때는 고배다
차맛이 달 때는 축배다
찻물이 꿀꺽 넘길 때는 신바람이다
우리고 우려도 우러나는 흥바람
차 맛이 초롱할 때는 살맛이다

오감오미五感五味 오,
차 이랑 뒹구는 자드락 차향
가슴으로 들어오면 인생을 말하고
삶의 길 닦는 찻길 덕분이다

차 인연 맺어 귀뜨기
빛 따로 색 따로
때때로 어울림을 얻네

기다림을 보고 그리움을 담네
이 같은 마음 맛내기
무엇 있어 함께할까 따로 없을 미더움아
몫몫이 이르지 않아도 따르는 갖춤이더라

# 매료

좋이* 동의한다
이제 더 이상 붉지 않을 단풍 숲 협주
꽃이 시새워 단풍 진 자리에
꽃봉을 꿈꾸는 명년 봄을
까치가 연미복 휘날리며
지휘봉 까악 높이 젓힌다

단풍이 아름다울 때
채집을 해야지 시새운 꽃의 한恨
꽃의 내력 서리에 품고
어느 봄날 피어오를 화연花烟
차드락 참꽃에게 햇차 한 잔 나누자고
새끼손가락 내미는 꽃샘풀이

돌아 올 새봄
꿈길에 뿌리는 꾀꼬리단풍 숲
좋이 동의하는 대기의 숨결
세상의 불꽃 웃음 가을빛 낙관을 한다

* 좋이 : 마음에 들다

# 제4부

## 쪽달 삼킨 칠석

각劌살이 나무 기둥이
찻물 삼키는 각도刻刀
여백을 휘갈긴다

## 쪽달 삼킨 칠석

계수나무 토끼야
달떡 빚어
누굴 찾아 깡총 했나

쪽달 삼킨 칠월 칠석
고운 직녀
견우 마중할 때

은하수 쪽배 띄워
눈물바다 마르도록

한 밤이 영원인 듯
마음 우려 올린
한잔 차 음복 누가 했나

삼헌 삼배 구배
초헌 아헌 종헌
모시 저고리 흥건한 자정

*삼헌三獻: 제사를 지낼 때에 술을 세 번 부어 올림 또는 술잔. 초헌, 아헌, 종헌을 이른다.

# 응시

누벼온 세월 바림의 동선
우련 옛 스승 거울 보듯
아!
그 가문의 유전자
여송이 흠빡 내림을 했다

응시의 눈빛
닳아 무딘 붓자루
조각도에 갉혀 음푹한 숫돌
흘린 땀을 다 말할까

묵향은 켜켜이
백지가 멋을 머금고
각刻살이 나무 기둥이
찻물 삼키는 각도刻刀
여백을 휘갈긴다

엉글썽 주절이던 어깨 너머 낙관
그 곁을 일삼아 문지방 밖을 허덕여도
보이는 소맷자락, 묵향에 씻긴 붓끝
칼끝을 부리는 혼을 입었을까

으레 다관이 터져라 우리는
다연의 달램만 머리털 시큰하다
언제려나 느껴볼 그 그늘 언저리
스승 삼대 어이 말할까

목판에 달력을 새기며
묵향에 찻물 우리고
땀을 식혀 쌓는 한 장 또 한 장
돌아올 한 해 절기를 두런두런 뽑는다

# 약술

한술로 한 겨울 쪽달이 뒤뚱
잊고 있던 십수 년 고이 묵힌 산삼주
처방전 번거로워 뚜껑을 열었다

별 오는 밤 달도 둥글어
하현으로 기울 때까지
한 며칠 술 향기 기미해야지
흔들리면 바람이려니
어지러우면 땅이 돎이려니
섣달 동백 취함으로
한술에 약발을 기대하며
술에 취하면 수다를 열고
차에 취하면 각성에 눈뜬다

차와 술 다름에 취하는
운치와 멋으로 랩을 읊으며
신음하는 삭신 학춤을 춘다

## 군불

숲이 자욱하다
겨울비가 지펴 올린 겨울 안개
아련히 겨울 가지 사이로
드문 인적이 개미 같다

새벽 소음 군불 피워
서리를 삶았는가
밤새워 차를 우렸는가
안개 밭에 이끌리는 못 버릴 버릇

물 끓여 보태는 탕관 안개
표주박이 재촉하는
겨울 안개 숲으로
차 한 잔 짜게 올린다

## 인연 수정


뿌리 깊은 연륜이 여무는
자줏빛 햇살 삼킨다

어젯밤 괴나리봇짐
가리개 한 겹 풀어
일출 곗불에 떴다

차나무 이식 어렵다 해도
인연을 섬기는 일지암
날카로운 상현 뽀얗고
먼 북극 할배 지긋한 빛발
이승 인연 나이들 틈 없어라

차 인연 순한 이끌림아
차 빛 젖어 밴 동다송 산고의 터
초의선사 오르내리던
오솔 숲 스치는 바람의 말

어서 오렴!
차 한 잔 건네니
속없이 마시고 가거라 하네

푸른 하늘
깨달음 멀어도
뱃구레 비우며 터는 속진
납죽 무릎 절 숙연하던
그 한량
저 푸른 하늘 티 없이 가볍다.

# 이랑나비

이랑 도랑
차두렁 머리 땋고
바닷바람에 눈 비비는 작설아 雀舌芽
야문 손끝에 환생하는
따기 살청 유념 말리기 섬세하다

차 터 잇는 이랑 너머
올차향 퍼나르는 뻐꾸기 쪽지
대소쿠리 둘러메고
차 풍년 신바람에
구름도 갈증 이랑나비 지켜 섰다

초의 차맛, 추사도 다산도
결명차 읊기 괘념치 않아
어여삐 나누던 지란지계
지리산 자락에 떨군 씨알
보성 하동 고흥 통영 제주 텃씨
일렁이는 차꾼 불러 기미하는
이랑 사이 차 기운 펼쳐간다

순향차 純香茶 감로차 甘露茶 입에 물고

시름 잇는 차 타령
논두렁 개구리도 차 탐을 내어
온 가족이 마을 흔드는 밤
흩날리는 이랑 사이
따끈한 한 잔으로 모으는 차 길
이랑나비 파도를 나오른다




*차 바느질 : 국제, 이념, 종교 사이를 찻슬기로 어울기
*차 뜨개질 : 차를 기초부터 착실히 배우는 사람
*한차얼 : 한겨레 월의 차살림

# 기억아

잊음으로 떠나라
억지다짐 막무가내
보리싹 고개 들듯 잊을 기억아
버거운 지금 떠나 온 거리에
바람아 불지를 마라
시리고 뜨거운 상흔 도져 온다

잊음을 잊을 때
찻물은 의연히 가슴을 다독이고
차 기슭 오롯이 한 모금일 때

화려한 상처
찻 살이 맡기는 모금모금
차지게 영글어 자줏빛 열매
하이얀 차꽃 안고 옛말한다

너는 이랬으면 저랬으면
익은 후회 새로 피울 말
속삭여 주겠다 기억아
널 삭혀 익혀진 날
내 우릴 찻잔에 몸을 풀어라

## 차는요

차 곁들던 고갯짓
손끝에 뉘여도 여전한 생기
뒤늦게 깨우치는
생명의 닻 겹겹이 여민다

풋잎새 새 못
여린 몸 어우리는 속성
부비고 치대고 떡치듯
멍석에 누워 꿈을 꾸는가

젖은 향
잦히고 뜸 들여
우려라, 다려라
제 몸 사른 덕을 칭송받네

꽃아, 열매야 생긋 노란 혀
빼어 물고 옛 얘기
눈밭에 섞더니 배릿한 햇차
햇봄을 외운다

## 일배청차 一杯請茶

지금 마신
이 茶 한 잔
一生 함께 변치 않을 벗
의심 없어라

심심한 가슴에 따뜻한 생각
마음 넉넉한 살림
지극한 벗 둔 덕택
톡톡히 누리는 안온

이 뜻
저 뜻
모두 챙겨
파릿한 물 우려

생래 고락 生來苦樂
감히 人生을 견주어
눈에 담는 높은 하늘

허공에 권하는 한가로움
차 없이 어찌 얻을까

## 일묘一描

삶은 희비喜悲의 곤죽이다

일상의 돌출
맹탕에 다향茶香 말아
다선일미茶禪一味 간곡하지

마음자리 곳곳에 돋아나는
평상심시도平常心是道라며
오늘이 어제 같다면 내일이 무슨 의미
누비 덮개 짊어지고 뱁새도 학춤 시늉
울음에 땀을 섞는 개미 쳇바퀴 돌아라

꿈마다 어찌 하늘 오를까
다연 먼저 오르는
머리털 차향만 애꿎다

## 이런 사상

찻종에 출렁이는 하늘 물결
눈 감고 귀 열어 걸어가는 선율
그리움 흐르는 찻물

그쯤 거리
퍼득이는 사랑思量의 물방울
쪽빛 치마폭 감싸 안고
사바娑婆를 우짖어라

넓고 깊은 미지의 곳
아늑 따끈해라 적요의 찻물
빛을 삼키는 연무煙霧야
낮은 눈길에 밟히는
天上의 초빙 가릉빈가 우음羽音
차 빛으로 나오르면
행여 정오의 햇볕
시끄러운 속진 헹구어
구름 가는 하늘빛 차 두렁
쪽빛 바다에 누우려나

## 이렇게 안다

사무사思無邪 茶 앞에 놓고
객쩍은 맘 누르지 않아도 좌정이다

소리 없이 마주하면 은은하게
내고 마시는 마음 조각
환한 눈빛 나누는
툭 터진 무언, 무념無念이다

찻상 앞에 앉으면 세상이 콩알만 하다

수용과 수락을 너그럽게 바라봐 주는
세상이 미더운 내 품이다

## 취중 취향

걷잡을 수없이 빛 부신 짧음이다
빈틈 사이로 이는 바람결
차마 다 볼 수 없어
차라리 취해버릴 취향 눈부셔라

숨결마다 토하는 삶의 파동
지금이 가는 순간 꿈의 파도
어린 날의 무지갯빛 확대경
세상 속 요지경 순방한다

신들린 신명이다
생이 저물도록
일출에 끓던 뜨거움
한낮 내내 그을어도
다시 일몰에 이르는 열기

잊음에 취해 앓는 미로
인생 취향 하루 가기
茶 우리기 세상 누리기

## 햇살 잠행

힘껏 들어와 잠결을 씻어낸다

소리 내지 않는 미소와 발자국
흔적 없이 짙은 여운
늘 그렇게 그 시간
차 한 잔도 바쁜 교류다

백비탕 급히 말아 그 빛에 놓으면
황금빛 한 잔 내어놓고
씻은 듯 밀려간다

향기로운 헹굼
아침결 다녀간 한 잔의 차로
벅차오르는 바깥바람이
성큼 부추기는 아, 햇살

나서는 발걸음 걸음
세상이 어깨를 다독이는
낯익은 잠행 길로 햇살 내린다

## 회심


주어버린 남강 백제의 용트림
낙화암 삼천 궁녀
아직도 핏빛 노을로 흐느끼는가

삼켜버린 하루해
산봉을 휘어잡고 묻나니

백제여
화려한 영광 턱밑에 깔고
울컥이는 남강의 일렁임아

겹겹 치른 겁 풀이
앳된 차꾼이 불러
숨 가쁜 백제의 날을
뜨거운 찻물에 풀어 어르는
풋내기 차오름

백제를 기려 하루 한판 헹구는
차 깃 부푼 굿 풀이 한마당
도도히 엉기는 다연아

아팠노라
차 모금 부추기는 아쉬움
맹추의 바람

그 번성 흐느끼는 치오름
오늘로 섬섬
찻물에 떨구는 옥로
뜨거운 구름에 떠어라


* 공주 백제 축제 아름다운 차 자리에서

## 바다 곁에서


새벽을 닦는 바닷새 기척
늦도록 풀던 차 모금이
짧은 잠, 뜸 들던 밤을 밝혔다

비릿한 짠 내음이 움켜쥔
뭍의 언저리 어느 선한 미로에 뿌려놓던
불빛이 사라지고 하늘빛 붉어오는 첫새벽
툴툴 터는 간밤의 꿈과 낯선 뱃머리가
오히려 덜 깬 잠꼬대한다

한밤의 외지
잠시 잠깐 한생을 살던
밤을 패도 못다 남긴 한 자락
찻물에 떨구는 삶의 이별 한마당이다

코앞 만남을 그리움에 묻고
추억을 낳고 줍는 심금
그저 침묵으로 뱉는다

바닷말 양수를 유영하는
배냇 옹알이 흉내 짓기다

제5부
멀어야 보이는 것들

마주 서는 애석함을 기다리는 어리석음에
부치는 잉걸불, 참숯 가슴 꺼내 비추는 애간장
상사화 기꺼워 품어 울던가

# 외길

주섬주섬 차 통 가득 탄배 우롱
눌러 채우고
삼화령 옛 대문 젖히면
아까 본 듯 처음 본 듯
눈웃음 가득 끌어안는다

어언 인사동 청지기
물씬한 다구들이 물을 끓인다
차 때 오른 윤기 구석을 밝히고
삼베 모시 가리개도 차에 취해
차개미* 땀땀이 꿰었다

격 없이 차려도 옻빛 피어나는
묵은 다향, 여백 너머 갖춰지는 절도
말없이 밝혀 눈뜨는 길치
서까래 은은한 고색 저쯤에
굽이치는 차밭 이랑
기꺼운 외길 찻물 그득 다연 이는
물 끓는 그 옹달솥


\* 차개미집 : 많은 차인이 모이는 곳

## 소나기 간 자리

느닷없이 들어차는
소나기 마중이다

차만 마시면 돼 차 줘요!
둥둥 뜬 성급 좌정을 권하고
차내기 맞춘다

생 숙차 음미하며
그제야 눈동자를 헤이는 여유
차 맛, 향이 좋다며
순둥이도 한마디 거든다

이 맘 저 맘 꺼내놓고
마음 멍석 둥글게 깔아
허물없는 맞장구 젖힌 가슴 후끈
멍에 타작 소나기 빗줄 긋듯 격의를 허문다

우산 없이 즐기는 맨 가슴
실컷 나눠도 남은 말 거실에 눕혀놓고
달이 멀어간 밤하늘로
배웅을 흔드는 미등도 잠이 든 오밤

## 멀어야 보이는 것들

밟히던 그림자 멀게 내다본다
업고 다니며 못 보는 등처럼
눈동자에 심어 놓은 이슬 같은 그리움
가로등 발아래 섬멸
너의 토설에 담긴 나의 과오
열정에 눈 감던 질주 이젠 바라본다

풋내와 오만, 온 생애 칭찬과 질책
환히 떠오는 구름 같은 날들아
짧게 잘린 남은 동안
이제 살 것 같은 삶이
손금의 길이만큼이란 걸
불을 보듯 사위어
비로소 보이는 허망의 뒤꼭지

차꽃 헤이는 향기
어우러도 아픈 차 슬기

## 강 건너 사랑의 날들

길게 뻗은 학의 목
자라목 어깨에 묻고
안녕을 흔든다

뜨겁던 포옹 차라리 말걸
만남보다 긴 작별의 동안을
무슨 인연이라고 설렘으로 서두르나

마주 서는 애석함을 기다리는 어리석음에
부치는 잉걸불, 참숯 가슴 꺼내 비추는 애간장
상사화 기꺼워 품어 울던가

우연과 필연의 갈래짓기
아무것도 기실은 알 수 없어
따라 흉내 하네

순정이 얼마나 야박한 줄을
치자꽃 향 우롱차만
코끝을 희롱한다

# 구름 그림자

눈으로 헤는 가슴
입시울만 빙빙
작별이 흔드는 조마조마
등 너머 하늘도 놓치는
구름 한 점

못 믿을 알쏭 짓고
그걸 아파 멀리 놓는 안녕
못내 차 우림에 기대는 오후
늘 걷잡을 수 없는
불빛 시종始終이다

가슴 사이에 흐르는 울렁증
우주의 율동이려니
떠나도 건질 인연
구름 그림자 차종에 떴다

순간에서 영원을 거는
선견 앞에 작아지는 숨소리
쪽빛 멍에 구름을 헐고 지으며
어느 누굴 인연 지을까

## 시름 놓고

화두 없는 벌거숭이
다관만 시름을 토한다

귀하다 여겨 함께할 누구 기다리던
차 맛에 빠져 하염없이 풀어내는 시름
다 멀어져 가도 누른 말 뜨겁게 시끌거린다

모든 흉허물 한밑천
존재의 낚싯밥 한 잔거리였지

예쁜 차 홀로 즐김이야
호사로운 충일, 청잣빛 홍차 맛
차꾼만 아는 이열
한 뉘 건진 미쁨이다

도린 결 화롯가에
냉큼 마주 앉은 빈 화두
다연이 휩싸 입는다*

*입는다: 읊다의 옛말

## 언제였나

그때 같은 지금 앞뒤 없이 이끌린다
남산 자드락길 떨치며
너덜길 내달리던 단풍 숲
아직 보지 못한 그리움으로 와
다시 몹쓸 안타까움으로 간절해라

바람 속 도주와 추격
믿어라 믿겨운 미소
따로 땋던 시간과 거리
어느 틈에 무너져
다시 처음 또 마지막을 반해 간다

그 언제였나 차 초롱이 마음 길
가슴 꾀어 헐어버린 간극
물과 불의 경계
무게 없이 그림자 감싸인다

새벽바람 천변 가득 잴 수 없는 이연怡然
초견의 열도熱度 자줏빛 차씨 물고
하나로 깨이는 발아, 떡잎 부신 저 태양

## 이열치열

정점 찍는 폭염 속보
뜨건 차 사발에 주저앉아
걷잡을 수 없는 땀의 홍수
인자한 한자락 바람결
숨구멍이 반겨 웃는다

따끈히 쓸어내리는 차 모금 뜨거운 시원함
상쾌함을 에어컨이 감히 알까
바람의 소나타 폭염 폭군 질주
한철 생고생 날아간다

헐떡이는 산하
살수록 차 멋들 듯
이 바람에 한여름을 씻는
직진 순행 흘러간다

볼 부비는 뜨건 차 한 잔
땀과 바람이 식히는 차 자리
그리움 채우는 바람과 땅 사이
체온이 붉다

## 요다 樂茶

차밭 이랑에 젖어
만물 차 헌 다례 때론 벌컥 차
여미고 접던 차 슬기
차 뜨개질 희미한 한 철에
구름 가는 길목에 뿌려가는 상념
무에 있어 할 일삼던 얼쏨* 대신할까
배움이야 닦자는 시늉
세월이 자꾸 달아나는 무심결
느린 걸음 재촉한다

그리움 뜨겁게 덥히며
곧추세우는 잊음의 채찍
차 곁에 앉아 온갖 투정 다 부려도
그저 한 잔 차 마님* 그리는 차 살림
떠오르는 빛 누구의 미소인가
절로 풀리는 차떼기* 억겁 다연
차곡차곡 茶穀茶穀 자리한
사삿일 큰일 달래며 어울기 한다

* 얼쏨 : 정성을 다하는 마음가짐 또는 인사 올릴 때 공경의 태도
* 차 마님 : 차를 잘 알면서 겸손한 나이 든 사람
* 차떼기 : 차의 기초를 깨우친 사람

## 무아無我 잔


붙잡히지 않을 쓸쓸
자욱한 어둠으로 깊숙이 침몰한다
향 한 촉 피워 꽂고
울어 넘는 저녁 선율
위로를 청하는 고요

외로운 고배 잔은 뜨거운데
낮은 바람에도 노여운 눈물
차거운 잔에 울음을 덥혀
밤을 감싸는 다관
침묵 우려 섞는 다향

무얼 내주어야 사랑이랄까
낳고도 모르고
키우고도 알 수 없어
보내 놓고 빈손 부벼
빈 가지 틀어쥐는 허방다리

맺고 놓고
빻고 찧고 경계를 버린
무아無我잔 거푸 마신다

# 소나기

세모시 옥색
곱게 하늘 물들였다
볼멘 먹구름 비집고
후박 잎 후둑 후드득
무더위 걸어간다

물안개 휘감고 한 날의 소나기 씻겨간
강 너머 무지개 이 산 저 산
하늘 잇는 굴레방 다리

연한 쪽빛
시원한 여름 오후의 꿈
허물 벗은 매미 득음
차 빛 하늘에 걸려
한잔 차에 식혀가는 소나기 바람
눈 뜨고 본다

## 잃어버렸습니다

그가 그곳에 머물 땐
호탕한 웃음
떠들썩 왁자했지

새삼 보이는
그때 그 거리
횡 허니 아주 먼 곳
잃어버렸습니다

차 한 잔
다포茶布를 펴고
없는 멋있는 멋
점다點茶를 보였으리

따끈한 다향
겨울날 화롯불 같은
그런
그를 잃어버렸습니다

## 구름 茶


봉오리 입술 열어
밀어 좇는 꽃샘바람
시새움마저 싱거워
봄볕 들판에 누워라

뭇 더듬질 벌 나비
먼 거리 사양할까
예서제서
꽃바람 부추겨 윙윙
바람 불어 가벼운 봄 깃
토닥이는 살랑바람
치마폭 휘날리는
산꼬대 나발 물고
내리막 오르막
이끼마저 날개 뻗어

아, 꿈 깨우는 구름
연지에 몸 풀어
구름 차 한 사발 두둥실
갈증 따끈히 봄으로 파릇하다

## 모자유친 母子有親

가을비 내리는 늦저녁 딩동
"저예요"
맨발에 얇은 셔츠 바람으로
헉헉 심장이 먼저 뛰어든다

"저 왔다 말해주지 마세요"
어미와 의견 충돌이 이 밤
할미 곁으로 두려움 감추고 달렸으리

따끈한 차 서너 잔 나누며
"웬일이오?" 물었더니
제 잘못 아웅하려다 들통이 난 모양이다

먼 훗날 싱겁게 웃을 유년의 피신
이 밤 절대 변명
어른은 뻔한 첫밭*씨름 신음이 높다

"얘, 다독여라"
사내 어미 노릇 어려운 걸
내 모르리 맞대결, 그도 여느 어미다

얼음 삶듯 쇳물 끓여 붓듯
삼가할 벼리 어디 놓고
아비가 성난 얼굴로 데리러 왔다

손잡고 부자유친, 모자유친 당부하며
뽀뽀하고 손자 손 건네주며
애잔한 아픔 가슴 쓸며
다연 실어 보낸다

*첫밧 : 맨 처음 국면 하는 일이나 행동

# 이삿날

와르르 쏟아낸 괴나리봇짐 만물상
햇발로 이중 포장하고 곡예를 한다

진정한 나와의 동거
호흡 조율 작은 공간
차 사귐 곁으로 맡겨가는 세상
초견 치르는 낡은 세월이 풀썩거린다

세상은 일상 끽다반사喫茶飯事
손가락 끝에 오르내리는 속사정
만삭의 진통 하현에 서러워라
맨밥에 맹물 말아 달게 비우고
햇살에 곡예하던 다구를
풀어 달래는 빈 마음
찻종마다 별맛이 부시다

주섬주섬 해진 마음
서까래 받치기 찻물이 나른다
쉼 없이 마음 기둥 마주 세우기
내가 나를 불러간다

이별 위에 놓인 새

# 미더움

찬바람에 볼이 식어
급히 물을 끓인다

아끼던 탄배 우롱차 툭툭 털어 넣고
다연 피어오르는 코 끝
연거푸 다관을 비우고 다시 붓기를
차고픔 겨우 면하니 세상이 따끈하다

차 마시고 비운 허기
정신이 확 깨이고 마음은 다소곳
꿇은 무릎 저린 줄도 몰라라
묵은 다구들이 말귀 트는 동안
이런 세월 저런 세월 오간다

사람은 번번이 이별해도
차 살림 제자리 누름돌 되어
잔시울 닳도록 떠나지 않아라

## 눈부신 시간

여기 마주 앉아
눈동자에 새기는
성근 얘기 촘촘히 모아

작작히 머금은 눈빛
이쯤 오는
여기 앉을 따끈한 차 한 잔

그 곁
그 숨결
눈 뜨는 찻종 부시다

# 제6부
# 쪽달 울먹일 때

취기다 삶을 끓이던 태양
쪽빛 헹구는 오렌지빛
다정茶情에 잠긴 눈동자

## 빛의 기미

차 생각 부푸는 빛의 물
따끈한 빛의 말 묵혀 새롭게
다향으로 입안 가득 나눈
허물 곁이 가볍다

시공이 무에 불편할까
잔 비우기 거들며 물드는 차탁
햇살이 펼친 다포茶布
빛 시린 끽다거喫茶去
한 울타리 맘속 잽싼 참견
속정俗情이 두텁다

훌쩍, 빛 밝히는 빛발
차 빛 우러나는
맨 가슴 안겨든다

인연마저 잊은 수락, 빛의 물
때의 시비是非
시듦 없어 더 맑아라

## 차 기운

종일토록 다관을 비우며
젖은 찻물
오동지 섣달 차 빛으로
연한 도배를 한다

해 묵은 몸도 곱게 간직해
탱글한 햇차 맛
젖내음 돌고
기운도 빛도 그대로다

우련 푸른 잿빛 이내
따끈히 스미는 차의 기운
차밭 이랑에 작설 햇깃
뻐꾸기 우음 들려오고

떠남도 잊음도 정가롭기로
세상사 견줌 없이 포용할
다향선미 茶香禪味

# 통시 洞視

쪽빛 바다 오렌지빛 물들 때
하늘은 다시 볼 기다림
한낮의 땀, 밤으로 절인다

길수록 잠기는 거리
기억은 왜 더 명료할까
내일이 짧고 굵음을
빛 시리게 떨릴 즈음

무게 없이 달아볼 삶의 거리
찻종에 드리운 밤의 꿈
넌지시 별에게 권하는 알현

취기다 삶을 끓이던 태양
쪽빛 헹구는 오렌지빛
다정 茶情에 잠긴 눈동자

갈매기 우음
차나뭇가지 휘어잡고
한잔 우려 부르는 목메임
그 짧음

## 찻물 들 때

순하게 든 푸른 물방울
송알송알 그저 순해 좋아라

차 이름 저절로 정겨워
혼자라도 둘이어도
눈에 띄면 펼치는 찻물
차 한 모금에 새긴
이런저런 귀 뜨기, 말문 열기
안으로 든 물 밖으로 비치는
아, 차꾼 안팎이 같아져라

주문 외듯 찻종에 어리는 생애
하늘 쪽빛, 바다에 풀 때
터져라 부푼 차 깃, 찻물 들 때 멀었어도
차 곁에 앉아 이젠 맘을 우리라 하는가
정을 삶으라 하는가

차 살이 푸른 구름 고개 들어
먼 하늘 가슴껏 우러러
그래, 무정세월
찻물 들 때까지

# 茶 울림

떨리는 가슴 사이 일렁이며
줄기차게 덖는 차 살이
살레찻상 움푹해도
멋없이 어눌한 차돌네*
오후로 둘러친 빛살 들춰
다연이 몸을 뒤척인다

빈객이야 시간에 덖이는 빛의 물결
주워 모은 차, 다관이 부풀도록
풀어내며 공연한 근심일랑 멀어가라
다흥茶興에 젖는다

청빈에 흐린 가슴
행여 놓아도 좋을 번뇌 소진되려는가
찻종이 뚫어져라
헤매는 얼비빔, 이 또한 차의 울림 아니던가
세월 두렁 하염없이 밟아 돈다

뉘엿뉘엿
차 깃 씹는 이 자리

*차돌네 : 차를 한답시고 여기저기 기웃거리는 사람

# 삶

주제는 기다림
성분은 정
눈물도 기쁨의 뒷자락이다

웃음도 아픔의 희석
차탁에 떨군 한 방울
익혀가는 체온의 조화
시간을 삶아라

## 상견相見

턱 밑이 하얗게 서릿발 서렸어도
초견은 으레 머쓱하다

얼굴 하나야 이목구비 다 같아도
마음은 오리무중五里霧中
차 깃 사정 이같아
모두 다른 맛
잎맥 따라 유전자 숨 쉬네

불쑥 내민 동다송 속속 뒤져
외려 가르치는 茶 모종 이뻐라
줌zoom도 나노nano도
닿지 못하는 벽 쌓기
머리털 바뀌도록 묘연해라

알 듯한 찰나
삶이 찰나刹那라 이른 그 말
다관에 부푸는 동의
앞뒤 거리, 무릎 접는
바깥 빛발 차 자리 둘러앉는다

## 다정茶情 애정


숨소리 숨어든 다포
시험장 표주박이 달달 떤다

매의 눈초리 훑는 시험관
작설 차 깃처럼 여린 손길들
외우고 익힌 솜씨 어디로 도주했나
애쓴 가르침 위배한다

내 이름 청, 홍 다포 외손이다
어깨 탈골 무릅쓰고 배례하니
시험관 향한 구애
어제 부상 알리며 '시인이셔요' 한다
뜨거운 한마디 스승의 애정 뭉클하다

쏜살에 끓던 어안漁眼, 찻슬기 솟구친다
한마디 우린 차 빛 따스히 삶는 석별
어딘가에 다소곳 펴고 접을
내 이름 청홍 다포, 차 두렁 푸른 폭 헤어갈
찻길, 차의 덕 선연하다

## 고르기

크기를 재고, 무게를 달고
부피가 성질을 낸다

차맛을 좌우하는 다기
눈도 촉각도 맛을 안다

간택이다
오늘의 조율, 단물 센물
한 모금에 오르내리는
내게로 내리는 간택령

아는 것이 병이라
무지로 돌아서는 날카로운 촉수
최소한의 단출, 구차한 소박
버릇대로 싸고 동여
직성껏 간추렸다

여러 다구들이 일시에
우려낸 차 깃
앵두 입술 차 시울이 보드랍다

## 훈기 薫氣

알싸하다
어제가 아득한 아침
햇살도 거실에 눕는 을씨년
나는 햇빛을 끌어안는 그림자
가슴이 뜨겁기를 바란다

바람도 빈 가지에 앉아
추위를 사상하는지
까치도 조회를 멈춘다

숨소리조차 소음으로 퍼져
여기가 어딜까!
슬그머니 올려놓은 물 끓기가
찻잎을 거든다

속을 덥히고 훈기를 불러 모아
청하는 하루 살림
홀로 차 자리 차 타령
줄행랑친 을씨년 귓불이 불콰하다

## 어느 선사禪師

찻상茶床에 마주 앉아
혜식*은 해후 낯을 익히고
계룡산 토굴
홀로 짓는 공불供佛이었네

감히 내 우린 찻종
먼 인연 당겨왔나
눈가에 어린 범패
떠난 속간俗間 오래였네

이판理判
사판事判
어여 짓고
살판 지으시라 두어 잔 나누었네

*혜식다 : "사람됨이 맺고 끊는데 없이 싱겁다"의 전라도 사투리

## 고적한 별

한낮의 군더더기
안겨간 어둠으로
서성이던 별빛
찻종으로 내려와
벗하자 청하니

취하고 또 취한
차 벗
별 벗
별빛이 삼켜간 푸른 별
차 깃에 떴다

## 여정 旅程

우산 접어들고
맨발 추기던 빗방울 툭툭

거침없이 들어서던
차 꽃 같은 미소
아픔으로 남겼다

젖은 눈시울 조근 조근 떠오르는
차내기 정가움 그리운 날
오랜 찻상머리
갈대 꽃 꿈꾸는 강변
벌거숭이 열광 수줍던 상기 미뤄놓고
앞서 달리던 투정 멀리 보는 지금

설익은 몸짓으로
이젠 설레지 않을 그 벗
갈바람 섞는 차가운 볼
뒤돌아 아득한 여정

찻물만 애꿎다
지금 무엇으로 사는지

## 연緣일 때

끓는 정 별 아래 모아놓고
파르르 향을 열면
천년을 하루살이 삼고
아득한 구만리 한 걸음이라
세월은 하냥 어린애
잃어서 잊은 선천 기억

뽀송한 꽃 깃 부벼
가림 없을 차향
찻물 녹인
도반의 반열

차 인연 풀어
촛불 한자리
삼세연三世緣 당장 사는
바람 앞 촛농만 수줍게 키를 낮춘다

# 쭉정이

노을도 오지 않은 채
잿빛 우울 터지게 채우고
날이 저문다

살레 찻상 삭히는 시름
詩 한 수 꾸려 혼자 외는 다송
완성의 인생 없다지만 영영 우습다

여물지 않은 쭉정이 오늘도
스물네 시간 모두 타서 마시고
떫고 씁쓸한 뒷맛

차 한 잔에 달래보는 허망의 뒷자락
빈 다관 뜨겁게 안고 한밤 대낮 삼는
차 벌레 아련한 속정俗情

## 세세歲歲

짧아져 길게 본 세세
명쾌함 잊고
높아간 그늘
냉철함이여

시들지 않을 발효
다시 피는 차 터
맹동孟冬에 피는 차 꽃
서리 빛도 비켜선다

돌아올 새봄
기대의 날 멀어도
엄동의 치마폭 움켜쥐고
무작정 내일로

무해무득無害無得
자주 열매 품안 가득
뿌리가 알아채는
차꽃 향

# 그 시각 여기

책상에 내려앉은 으례 그 시간
볕이 즐기는 차향 냉큼
뜨겁게 내어 놓고
다담을 즐긴다
시각의 화두 벌컥

오가며 보고 들은 세상사
다관에 푸는 다천茶泉
만만히 덥혀 내미는 빛
햇살이 다객을 자처하는 찻시울
입안 가득 빛살로 부셔라

## 쪽달 울먹일 때

햇살도 물러간 떡판 차내기
신들린 벌컥차
검푸른 이내야
네 어찌 하루를 말아 마셨는가

빛나게 떠나는 태양을
찻종에 종일토록 담아도
비워 버린 시각
울음으로 삶아라는가

그리움을 한恨했는가
아쉬움을 불렀는가
말은 있어도 찾지 못한 미련
숲이 어둡도록 밖을 더듬는 기다림

야속한 방랑
길을 내는 어두움으로
차라리 감아라, 눈을
쪽달 채울 저 반쪽으로

## 해 가는 길

쓸쓸히 바뀌는 빛의 광도
해 가는 길 어슷 어슷
서녘으로 돌아선다

종일토록 쏟아 붓던
옹달 솥
빛을 누르고 이내에 젖는다

할 말 삼키는 해 가는 길 저 너머
목울대 치받는 하소연
너야

있어도 없고
없어도 있는 마음아
그걸 믿어 애꿎은 찻빛만 말똥말똥

찻잔 가득 쓸쓸을 머금었어라

# 말이야 쉽지

터진 소리
생각이 튀는 대로
언제나 변명은 무리가 따른다

아니 옮길 의지
왜 뱉고
상처를 남기나

쉽다고 소리 내는 버릇
잘 하는 말
그건 진정한 가슴일 때다

말의 폭탄
하는 그 보다
듣는 이 죽고 산다

말은 짧게
가슴은 깊게
실천은 빠르게 말은 느리게

나쁜 그로
내 안에 숨은 그걸 고치려
스승 삼는 한 잔 차 시간

제7부

茶 내고 詩 얻고

홀로 흥겨워 잇은 외롬
흥을 내는
옛 선인 희아리 한 수

## 반만 반할 걸


삼십육계 줄행랑
온밤 삼킨 새벽 네 시
잠 길 밝혀 말똥말똥

흥분일까
각성일까
늦저녁 접어
좋은 茶에 반한 것이
온밤 올올이 짜여간다

덜 좋아할 걸
오감에 붙어 남아도는 다향
좋았으니 어쩌나 이 밤 통째로
비단실타래 풀고 감아
백지에 들어붓는 소나기

그 쏠쏠한 재미에
취해 가는 새벽녘
반만 반할 걸

# 세월

팔짱 끼고 시시덕
속 빈말 내키는 대로 뱉어도
건너온 옛 대로
그 소설 속을 거닌다

두말없이 알아듣고
받아치고 툭 터놓는 가슴
나비 등 편승하는 젊음
세월 웃음꽃 피운다

민망 없이 쓸어내리는
넉넉한 눈빛 인사동 차 한 잔
동짓달 동목冬木가지
어슷어슷 나란한 어깨
그래서 구수한 화사

세월 켠에 키워둔
도반의 반열
두둑이 깔아놓는 차 자리
묵은 차 때 어딜 가랴

## 茶 내고 詩 얻고

맹물이 불에 앉아
성질을 가다듬는다

차 기운 배어든 맹탕
물이 달아
맛을 더했으니

샘을 그리는 각성
뜸든 물이
마른 찻잎 입을 열 때

고요한 절제
지나침 없을 오묘
물맛 좋은 차 한 모금

홀로 흥겨워 잊은 외롬
흥을 내는
옛 선인 희아리 한 수

## 맹탕 송頌

묵은 다관 여운
끓은 맹탕 그득
지난 세월 묽게 우려

쪼르르 마른 모금
푸르게 마시니

오호라! 무상無常
허망하게
무탈에 뿌리는 일상

기어코 오는 오늘
맹탕에 담긴
하아! 세월 내음

터져나간 세상 신음
다시 심는 일상박이

홀로 벅찬 찻상
빈 다관에 이슬 채워
별을 헤며 취해 가는 맹탕

## 차 깃 인연

진작 인연 늦은 반김
멀던 그리움 어쩜 품안
옛날 같은 초면
마음 부벼 섞어 보는
천만 갈래 이름아

찻잔 뜨거워 가슴 덥힌
야윈 볼 붉어 도톰하니
한세월 그냥 이대로
지친 디딤돌 돌아보는
한낮 밝은 길섶

빈 소리 깊은 기약 놓는
버려야 돌아올 내일
뒤돌아 앉을 자리
차 깃 인연 벌컥
차 한 사발 내민다

## 정붙일 날


봄 같잖은 심드렁 하늘빛
겨우내 버려둔 매무새
둔한 몸 추스른다

이웃 젊은 아낙 손잡고
장날 구경 주섬주섬
둘레길 휘휘 돌아

꺼진 배 따끈한 차로 채우고
다시 나서는 산책길
늘 그랬듯

내 생애 마지막 같은
나무숲 빼꼼히 열린 하늘
적적한 눈시울 아리고

다연 같은 엷은 앓이
어깨동무
정붙일 바람결 시려와라

# 이슬차

여느 일출 불끈
열어젖힌 동창
새삼 햇덩이 붉어라

댓 바람결 뛰어
푸른 하늘에 차꽃처럼
산하를 굽어 반긴다

한 날의 길조
밤새 익은 이슬 새초롬히
찻물을 모았다

뜨는 해 어제 빛발 같아도
새로운 서기瑞氣
다소곳 숭고하고 화사해라

숲길 울창한 다연 머금었다
이슬차 한잔 따끈히 올리며
하늘 밑 나직이 밟은 이 새벽

## 태양 길 찻자리

외출 없는 거실
으레 태양이 비집는
찻상머리 깃을 편다

동짓달 무거운 차맛
잔시울로 시린 햇살 덥히며
구름 한 점 떨궈 놓고

벌컥차 한 잔 흔쾌히
해랑 내랑
잔을 섞는 시간

태양이 오가는 앙상한 숲길의 하늘
한 잔 차 인연
텁텁한 입가심 달게 풀고 간다

## 외출

끓인 물 뜸 들이며
다관에 둔 안타까움

우릴까 말까
시간을 볶는다

출발과 도착시간
마시고 가자
영락없이 이끌린 선택

머릿속 망설임 걷어차고
유쾌히 나서는 걸음

공원길 까치가
머리 위에서 까악까악
다향을 반기는가

까치에게도 나누는 여향
바람, 까치, 그리고 거기 외출

## 까치도 거짓 울어

산허리 돌아치던 바람
색동 단풍 곱다 하더니
까칠한 가지 우수수
네 쉴 곳 허술하다

까치도 거짓 울어
반가운 이 아니 오고
가슴속 찬바람
벗은 듯 쓸쓸해라

뜨거운 차 우려 달래는
향기로운 빛발
옛 벗 그리워 바람결에 젖은
그 말

시집 가지 말자던 계집애
어느 머슴애 아내 되고
까치도 거짓 울고
세월마저 화살촉 앞질러
마음 붙일 곳 텅 비었어라

# 기다림

얼어붙은 고적孤寂
긴 자락 군불 지피고 행여
기척 있으려나 내어 건 눈망울
울 밖 서성이며 흰 달빛 밟고

한달음에 안길 것만 같아
공연한 울렁임
창밖이 바래도록 지켜 서서

식어진 찻잔 눈물로 시울 덮어
울음으로 끓여라
찻종에 기운 긴 기다림

## 벼락부자

바닥이 드러난 차 통은 가난이다
조막손 차시茶匙 주린 찻물 달랜다

이 이별 저 인연 구경 삼아도
필연은 팔짱 끼고
바람이 멈추면 잎이 쉬듯
멈칫 바라보는 여유

흡족한 차 바람에 머리 식힌다
보이차 불쑥 내미는 다우茶友
세상이 껑충
가난한 연민 밀어낸 다향

세상 자미로움
차 한줌 벼락부자
시간의 수레를 타고
천년 차수茶樹 거처를 거닌다

마음이 나르는 곳
시공 초월 허공진 그 곁

# 천년살이

수백 수령
차나무 있어
긴 걸음 했지

쌓인 세월 바위 뚫어
암반수 샘 길 놓고
뿌리마다 깊은 연륜

찻물 고여
어린 일엽一葉 입에 물고
의희依稀하게 비추이는

쌉쌀한 푸른 깃 달게 씹는
먼발치 애송이
마냥 목이 메어 머리끝 쫑긋

다시 볼 이승 어려워
내세 입가심
한 오백 엉기는 생 차향

\*武夷山 正山에서

## 씻고 닦고

기다림 하냥 멀어
우린 다관 따끈해도
헐어 간 일상
묵은 먼지 털어내면
다시 쌓이는 새 먼지
하나 마나 그 타령이다

먹고 돌아서면 어느새
시장기 배꼽 종 울어라
덧없이 비운 찻종
하늘이 기웃 땅이 고시래
부지런한 엊그제
싱겁고 부끄러운 새삼
할 걸 말고 말 걸 했어라

태어난 서로의 몫
부둥켜 업고
늙 바람 차 탕에 헹구는
가슴앓이 끓어오르는
울컥

# 먼 발길


빈번했던 발걸음 뜨악한 것이
시들한 것 메꾸려 함이오

불현듯 찬바람 몰아 싣고
삐죽이 들이미는 정겨움
격조함 초인종에 익은 음성 담아왔다

부리나케 옥玉다관 청옥靑玉잔에
우린 찻물 옹달샘 간짓대
쉼 없는 담소談笑
잠든 별도 잠꼬대를 거든다

차 한 잔 청하는 밤빛 별들도
조르란이 참견하는 차 자리
차 빛 물드는 초록 별
먼 발길 가슴이 따끈하다

## 섞이며

불의 혀끝이 물을 익힌다
물이 불을 부여잡고
익은 몸 환생시키는
차깃이 다관을 부풀릴 때
맛, 내, 빛, 품을 펼치는
섞임의 조화가 비롯된다

불과 물이 하나로 상봉이다
뜨거운 화해 다관이 나눔을 한다
차가 차를 다루는
이랑나비 훈풍 싣고
무심의 정성으로 우리는
불꽃 따라 물이 내는 차 멋이다

생각의 수행 길 한 잔 차
단 한 번도 똑같지 않은 차맛
늘 그리움과 아쉬움으로
찻상을 보듬어 안을 뿐
차 얼뚱이 외로움
차만 아는 차 길 짝사랑 이야기

# 뉘엿뉘엿

하늘이 야트막이 내려오는 시각
숲이 어둡게 숙연하고
날던 새도 날개를 접으며
돌아올 가족 호명을 한다

거실에 앉아
뜨고 지는 하늘로 때를 꼽으며
아 어느덧
또 하루가 뉘엿뉘엿

하많은 일 쌓아 놓고
허접에 발을 담그며 홀로
하루 예의 소홀했구나

뜨건 차에 마음 주고
마주하던 시시각각
그 빛에 젖어 찻물에 띄운 하루

차 초롱이 다연을 섞는
푸른 이내 어둠을 좇는
슬픈 일 없이도 그렁그렁한 이 하루

## 불구하고

무조건 아프다
무엇으로 구제 받을까
버티고 선 시간 앞에 읍소하며
그저 함께하는 통증

이렇게 산다 산 생명은
어느 찰나에 걸어도
미리 잴 수 없는 노릇
과정을 치르는 사건의 연속이다

아픔의 점철 생명의 지속이란
강보를 찢는 통증의 성장이다
너는 모를 내 안의 반란
말들은 흔해도 할 말은 귀하다

살아 배운 말 중 가장 고은 말
그걸 아직 소리 내지 못하는
말의 씨 맘씨에서 발아되길
자아와 타자의 무릅쓴
쏟을 말 누르는 무게 茶로 샌다

평설

# 차인은 늙지 않는다, 다만 익어갈 뿐이다

이근수(경희대 명예교수, 무용평론가, 경영학박사)

차는 자연이다. 자연인 차가 사람을 만나면 사람은 차인(茶人)이 된다. 차인은 형체가 갖는 이름이 아니라 살며시 스미어 나와 소리 없이 퍼지는 무형의 향기다. 차심(茶心)은 차인이 품은 향기다. 차심이 리듬을 타면 차시(茶詩)가 된다. 박송희 시인의 차시는 이렇게 탄생한다.

시인을 처음 만난 곳은 삼화령(三花嶺) 다실이다. 경주의 남산, 그 남녘에 위치한 삼화령 고개가 아니다. 안국동에서 인사동 길로 들어서 왼쪽 두 번째 골목으로 꺾어지면 한쪽 편에 보일 듯 말 듯 걸려있는 작은 간판, 대문을 오른쪽으로 밀고 들어서 다시 왼쪽 여닫이문을 옆으로 젖히면 숨겨진 다실이 아늑한 속 모습을 드러낸다. 녹차가 남아있는 몇 안 되는 인사동 전통차집 중 하나다. 박송희 시인이 발견한 삼화령의 정서도 나와 비슷했나 보다.

주섬주섬 차 통 가득 탄배 우롱
눌러 채우고
삼화령 옛 대문 젖히면
아까 본 듯 처음 본 듯
눈웃음 가득 끌어안는다

어언 인사동 청지기
물씬한 다구들이 물을 끓인다
차 때 오른 윤기 구석을 밝히고
삼베 모시 가리개도 차에 취해
차개미 땀땀이 꿰었다

격 없이 차려도 옻빛 피어나는
묵은 다향, 여백 너머 갖춰지는 절도
말없이 밝혀 눈뜨는 길치
서까래 은은한 고색 저쯤에
굽이치는 차밭 이랑
기꺼운 외길 찻물 그득 다연 이는
물 끓는 그 옹달솥

-'외길' 전문

박 시인을 처음 만났던 그때는 마침 '차인(茶人)' 지에서 원고청탁을 의뢰받고 '그리운 사람, 그리운 차인'이란 글을 구상하고 있을 때였다. 박 시인이 최근에 나온 책이라면서 『목어별곡』 시집 한 권을 건네주었다. '박송희 제3시집'이란 부제가 붙어 있었다. 시집에 수록된 차시들을 읽으면서 시 한 편에 차 한 잔씩을 나눠마셨다. 다산과 초의의 맥을 잇는 의재, 응송, 금당, 효당 등 차인들의 이야기를 나누다가 그녀가 '다향선미(茶香禪味)' 편집자 중 한 사람인 것을 알게 되었다.

  1986년과 1989년, 1권과 2권이 효동원 차선회(茶禪會)에서 비매품으로 출간한 귀중한 다서다. 효동원(曉東院)은 1975년, 효당 최범술의 제자들이 모여서 만든 차 단체다. 일찍 고인이 된 정원호(鄭元鎬)선생이 주축이 되어 강남 신사동에 장소를 마련하고 차인연합회가 태동되기도 전부터 강연과 출판으로 한국의 차문화를 선도했던 것으로 알려져 있다. 처음 차를 알게 되었던 즈음, 이 책을 어렵게 구해서 읽으며 옛 사람들의 차정(茶情)에 공명했던 기억이 되살아났다. 그 초기 멤버로 차 생활을 시작했으니 박송희 시인의 차 역사는 40여 년을 너끈히 뛰어넘을 것이다. 시인은 그 시절을 이렇게 노래한다.

    끓는 정 별 아래 모아놓고
    파르르 향을 열면
    천년을 하루살이 삼고
    아득한 구만리 한 걸음이라
    세월은 하냥 어린애
    잃어서 잊은 선천 기억

뽀송한 꽃 깃 부벼
가림 없을 차향
찻물 녹인
도반의 반열

차 인연 풀어
촛불 한자리
삼세연三世緣 당장 사는
바람 앞 촛농만 수줍게 키를 낮춘다

-'연緣일 때' 전문


  다시 얼마간의 시간이 흘렀다. 차를 소재로 쓴 시만을 모아 네 번째 시집을 낸다는 연락이 왔다. 제목을 명선 박송희 제4시집 "이랑나비"로 정했다고 했다. 제목이 특이해서 그 뜻을 물어보았다. '이랑'은 밭이랑이고 '나비'는 넓이의 옛말이라는 대답이 왔다. 찻잎이 물결처럼 일렁이는 차 밭의 이랑과 이랑 사이에서 차 일을 하면서 차 한 잔씩 나눠 마시며 다정(茶精)을 모으는 이른 봄 차 밭의 풍경이 널리 퍼져나가기를 바라는 시인의 마음이 느껴졌다.

이랑 도랑
차두렁 머리 땋고
바닷바람에 눈 비비는 작설아雀舌芽
야문 손끝에 환생하는

따기 살청 유념 말리기 섬세하다

차 터 잇는 이랑 너머
올차향 퍼나르는 뻐꾸기 쪽지
대소쿠리 둘러메고
차 풍년 신바람에
구름도 갈증 이랑나비 지켜 섰다

초의 차맛, 추사도 다산도
걸명차 읊기 괘념치 않아
어여삐 나누던 지란지계
지리산 자락에 떨군 씨알
보성 하동 고흥 통영 제주 텃씨
일렁이는 차꾼 불러 기미하는
이랑 사이 차 기운 펼쳐간다

순향차 純香茶 감로차 甘露茶 입에 물고
시름 잇는 차 타령
논두렁 개구리도 차 탐을 내어
온 가족이 마을 흔드는 밤
흩날리는 이랑 사이
따끈한 한 잔으로 모으는 차 길
이랑나비 파도를 나오른다

-'이랑나비' 전문

  그녀가 보내 온 100편이 넘는 차시들을 한 땀 한 땀 읽으며 그 긴 세월동안 그녀가 차와 함께 있어야 했던 이유를 생각했다. 기다림이었을까, 아니면 기다림에 앞선 그리움 때문이었을까.

> 얼어붙은 고적孤寂
> 긴 자락 군불 지피고 행여
> 기척 있으려나 내어 건 눈망울
> 울 밖 서성이며 흰 달빛 밟고
>
> 한달음에 안길 것만 같아
> 공연한 울렁임
> 창밖이 바래도록 지켜 서서
>
> 식어진 찻잔 눈물로 시울 덮여
> 울음으로 끓여라
> 찻종에 기운 긴 기다림
>
> −'기다림' 전문

 기다리는 사람에겐 시간이 참 더디 간다. 기다림에 앞선 그리움은 기다리는 시간이 늘어날수록 더욱 두텁게 쌓여 갈 것이다. '정막약솔 솔즉불로(情莫若率 率則不勞)'라는 말이 떠오른다. 인정보다 귀한 것이 솔직함이니 거기에 무슨 인위적인 덧붙임이 필요할까. 진솔한 그녀의 시어(詩語)에서 차 맛처럼 깊어진 그리움이 묻어나는 것 같다.

> 그립다 생각 들면

더 멀어

기다림 한 아름
마음에 두면
벅차오르는 하늘 가

바다 건너
꽃빛보다 화사하게
웃음 머금은 차 방울

그 동공에 서 있을 머쓱한 사람
거길 누벼 괜한 투정 민망해라

두둑한 미더움 그대로
오롯이 차 한 잔 그 곁을 올라라

-'그리운 것' 전문

그리웠던 분이 귀한 발걸음을 했다. 기다리던 사람이다. '귀한 사람'과 마주 앉아 따끈한 차 한 잔을 나눈다.

여기 마주 앉아
눈동자에 새기는
성근 얘기 촘촘히 모아

작작히 머금은 눈빛
이쯤 오는

여기 앉을 따끈한 차 한 잔

　　그 곁
　　그 숨결
　　눈 뜨는 찻종 부시다

　　　　-'눈부신 시간' 전문

　그리움을 담아 마시는 차 그릇이 반드시 명기(名器)일 필요는 없을 것이다. 해가 묵은 질박한 차 살림, 저녁노을 맑은 빛이 담기면 스스로 덕을 머금는 것이 박 시인이 즐겨 쓰는 다관과 숙우, 찻잔들이다. 그릇에 정이 들어서인지 그녀가 함께한 찻자리에는 향기가 풍겨난다. 차가 낸다는 네 가지 향기 중 진향(眞香)과 난향(蘭香), 청향(淸香)에 이은 네 번째 향기가 순향(純香)이다. 도공이 자신의 삶 그대로를 담아서 다기를 빚어내고 차를 우리는 사람이 자신의 향기를 그릇에 담아내지 못한다면 순향(純香)은 풍겨나지 않을 것이다.

　　팽주烹主의 익은 다루기
　　맑고 수수해

　　해 묵어 질박한 다향茶香 더 깊고
　　겨우내 익힌 덕을 머금는다

　　꾸밈 덜어낸 차 살림

한자리 차별심 멀어져 간다
　　　……

　　　　　　－'차 살림' 부분

　'형막약연 연즉불리(形莫若緣 緣則不離)'라고 했던가. 끊어질 수 없는 것이 인연이니 어떠한 외형도 인연을 뛰어넘을 수는 없을 것이다. 박 시인이 평생 차와 함께 살 수 있었던 것은 바로 그녀가 노래한 대로 "진작 인연 늦은 반김/멀던 그리움 어쩜 품안/옛날 같은 초면" 때문이었을 것이란 생각이 든다.
　시인의 노래는 이렇게 계속된다.

　　　진작 인연 늦은 반김
　　　멀던 그리움 어쩜 품안
　　　옛날 같은 초면
　　　마음 부벼 섞어 보는
　　　천만 갈래 이름아

　　　찻잔 뜨거워 가슴 덥힌
　　　야윈 볼 붉어 도톰하니
　　　한세월 그냥 이대로
　　　지친 디딤돌 돌아보는
　　　한낮 밝은 길섶

　　　빈 소리 깊은 기약 놓는

버려야 돌아올 내일
뒤돌아 앉을 자리
차 깃 인연 벌컥
차 한 사발 내민다

　　　　　-'차 깃 인연' 전문

그렇다 버려야 돌아올 내일이다. 옛날 같은 초면이고 진작의 인연이지만 늦은 만남일 수도 있다. 멀던 그리움이 이미 품안에 있는 세월인지도 모른다. 시간은 그렇게 존재하는 것이다. '시인도 늙는가?' 누군가가 묻고 또 대답했다. "시를 짓는 동안 시인은 늙지 않는다. 시 속에서 살아 움직이는 시인은 늙음의 대상이 아니라 관조의 대상이기 때문이다."라고 관조의 대상이 된 박송희 시인은 앞으로도 차 잎을 삶듯이 시간을 삶으며 시인으로서 살아갈 것이다.

찻종에 출렁이는 하늘 물결
눈 감고 귀 열어 걸어가는 선율
그리움 흐르는 찻물

그쯤 거리
퍼득이는 사량思量의 물방울
쪽빛 치마폭 감싸 안고
사바娑婆를 우짖어라

넓고 깊은 미지의 곳

아늑 따끈해라 적요의 찻물
빛을 삼키는 연무煙霧야
낮은 눈길에 밟히는
天上의 초빙 가릉빈가 우음羽音
차 빛으로 나오르면

행여 정오의 햇볕
시끄러운 속진 헹구어
구름 가는 하늘빛 차 두렁
쪽빛 바다에 누우려나

-'이런 사상' 전문

 이제 내가 묻고 싶다. '차인도 늙는가?'라고 그리고 이렇게 대답하고 싶다. "차를 마시는 동안 차인은 늙지 않는다. 다만 속 깊이 더욱 익어갈 뿐이다."라고 박송희 시인의 삶 속에서 주제는 언제나 기다림이고 기다림의 성분은 정(情)이었다. 기다림과 정이 시간으로 삶아지고 찻물 속에 녹아들어 더 훗날 그리움의 차도를 완성할 때까지 그녀의 시 세계가 더욱 깊이 익어가길 바란다.

# 이랑 나비

1판 1쇄 · 2020년 2월 20일

지은이 : 박송희
펴낸이 : 김정현
펴낸곳 : 가온
주 소 : 경기도 부천시 길주로 460, 1106호 (춘의동, 센트럴뷰)
전 화 : 032-342-7164
팩 스 : 032-344-7164
E-mail : kjsh2007@hanmail.net
출판등록 : 2011. 7. 14
ISBN : 979-11-85026-49-7 (03810)
값 : 10,000원

무단전재와 복제를 금합니다.
도서출판 가온은 농인聾人과 함께합니다.
잘못된 책은 본사나 서점에서 교환해드립니다.

---

이 도서의 국립중앙도서관 출판예정도서목록(CIP)은 서지정보유통지원시스템 홈페이지(http://seoji.nl.go.kr)와 국가자료종합목록 구축시스템(http://kolis-net.nl.go.kr)에서 이용하실 수 있습니다.
(CIP제어번호 : CIP2020005009)